# 」間違っているのはどっち？

名古屋市立大学特任教授
守　誠

青春新書
PLAYBOOKS

## はじめに

私が漢字にことのほか興味を持つようになったのは、自分の誤字に気付いた時でした。気付かされたといった方がいいでしょうか。今から半世紀以上も前、大学の経済学部の学生だった頃です。

今でもはっきりと覚えています。

「かへい論」の担当教授が突然、こんな言葉を吐きました。

「私の科目は『かへい論』だが、試験の答案で『かへい』という漢字を間違えて書いたら、内容のいかんを問わず０点にする」

凄いことを平気で口にするこわい教師だなと思ったものです。実は、その先生の授業を受けるまで私は、「かへい」を間違えて綴っていたのです。

本文の中でも登場しますが、私が間違って覚えていた「かへい」はどっちだったか当ててみて下さい。**間違った方ですよ！**

**貨弊**　**貨幣**

この間違いを言い当てるのは、それほど難しい選択ではないと思いますが。

私と同じような間違いを犯している人も読者の中にはいらっしゃるかも知れません。そうでないことを祈りますが。

これ以外にも私は、とんでもない誤字を50代まで使っていました。

## 「一緒に」を「一諸に」

もちろん後者の「一諸に」が間違いです。

自分の中に知らず知らずに蓄積された「誤字の山」（小さな山であってほしいものですが）をさらに低くしていこうと思っています。


2013年現在、漢字ブームはなおも続いています。

「で、現在の漢字ブームはいつから始まったのか」

答えは、2008年にさかのぼります。当時の総理大臣が、連発して漢字の誤読をされたからです。現在もその人は内閣の主要閣僚を務められていますが、最近は新聞ネタになるような誤読は一切ありません。

彼が総理大臣の時、連発された誤読のうち私が特に注目したのはまず「未曾有」でした。彼はこれを次のように誤読されました。

「みぞうゆう」

新聞各紙は総理大臣の誤読をかなり面白がり、こぞって記事にしました。正しくは「みぞう」と読みます。

これだけなら〈うっかりミス〉として許されたのですが、以後、誤読の連発にジャーナリズムは半ば面白がって彼の誤読を記事にしまくりました。

インターネット上で調べますと、同氏の誤読の例がたくさん出てきます。


私はその中で、一つだけ拾って、弁護の側に回りたいと思います。

彼は戦争の「傷跡（きずあと）」を何と「しょうせき」と誤読されたのであります。この言葉には音読みの「しょうせき」は存在しません。しかし、この世間の決まりに、私は正直なところ違和感を覚えるのであります。もちろん訓読みの「きずあと」はいいとして、音読みの「しょうせき」も使われていいのではないかと自由に想像力の翼を広げたくなります。

皆で音読みをはやらせれば、いつか訓読み、音読み両方とも正しい読み方になる可能性も出てくることでしょう。

悪貨（間違った言葉）が良貨（それまで正当な言葉）を駆逐しないまでも、圧倒してしまった例を一つ挙げておきましょう。

①独壇場
②独擅場

**「えっ!?　どっちも同じではないのですか?」**

**「もう一度、よく見て下さい。違いに気付きませんか?」**

**「えっ!?」**

**「さらにもう一度、よく見て下さい」**

**「そう言われれば真ん中の漢字が、①は土偏で、②が手偏になっています。ですから②は明らかに間違いではないでしょうか」**


かつて私の教え子との間で交わした会話の一部です。

本来、②の「独擅場(どくせんじょう)」が正しかったのですが、**誤用された「独壇場(どくだんじょ**

**う）」が圧倒的な力を持ってしまった**ため、誤用の独壇場が社会で広く行き渡り、あたかも正当性を主張しているかに思われます。一方、**本家の「独擅場」は細々と命脈を保っているというのが現状です。**

元総理大臣をどこまでも擁護するという訳ではありませんが、「傷跡」が「きずあと」とも「しょうせき」とも読まれることだって、何か劇的な偶然が重なれば十分にあり得ることだと考えます。

以上のような次第で、私には漢字の読み間違いから漢字と向き合う姿勢が自然に身についてしまいました。

現在の漢字ブームは、かつての総理大臣の誤読から拍車がかかったといわれています。しかし、「漢字ブームの源流」は、パソコンのワード機能が手書きという習慣を奪っていったところにもあります。何とか漢字に真正面から向き合う姿勢が必要だと誰もが考えはじめた結果だと思います。

**それでは、「2つに1つ」に挑戦してみて下さい。**高得点を期待しています。

2013年3月

守　誠（もり・まこと）

「漢字」間違っているのはどっち？　目次

## ●本書の三つの使い方　〜自分の感性にあったものを一つ選んで下さい

その一　「2つに1つ」の選択で、まず間違った方に×印をつけ、次に正しい方に○印を付けて下さい。

その二　あるいは、まず正しい方に○を付け、あとから間違った方に×印を付けて下さい。

その三　もう一つの方法は、正しい方だけに○をつけて、先に進んで下さい。

## ●本書の漢字について

その一　★初級　★★中級　★★★上級　の問題に分類しています。

その二　解答に関しては、正しい表記を載せています。なるべく一般的に使われている表記を採用しました。複数の辞書・辞典等を参考にしていますが、辞書・辞典によってはもう一方の表記も採用している場合があります。ご了承ください。

カバーイラスト・本文イラスト★榎本奈智恵
本文デザイン・DTP★田中彩里

# 第１章

# 「二字熟語」編

間違っているのはどっち？

# 解答

どっちが正しい？

訪門　訪問

# 解答

訪《ほう》問《もん》

**解説**　門をくぐって訪れるのに、なぜか口が入ります。

## どっちが正しい？

専問

専門

# 解答

専《せん》門《もん》

**解説**　訪問には口が入るのに、専門には口は入りません。

女（性）が三人集まるとこんな、女性を少し小ばかにした漢字が生まれました。

# 姦

（かしま）しい！

ならば、男女平等の観点に立って、対抗上生み出されるべき漢字が作られなければなりません。答えは20ページをご参照下さい。

おもしろ・ひとくち・ばなし

## 料理の匂いがしてくれば、チラッと眺めただけで読めてしまう不思議な漢字があります。

それは、

# 生姜

です。

新聞や雑誌になにげなく登場する漢字で、さっと「**しょうが**」と読めてしまいます。

しかし、多くの場合、「生姜」という漢字をきちんと眺めているわけではありません。「生」が「しょう」と読めますから、次の「姜」は漠然とぼけた像として頭に入れるだけで読めてしまうのです。

あるとき私は、「生姜」の「姜」を、とんでもないイメージで捉える術を発見しました。

美人の「美」の下の部分を取り出し、代わりに「女」を下につけると、「姜」という漢字が生まれました。「美しい女性」が誕生したのです。

**その美しい女性が「生姜」を使って料理を作っている**場面（シーン）を想像しました。

すると次の括弧の中に何を入れるべきなのか、記事の中身が料理なら、見た瞬間、正解を書き込むことができるのです。

生□

生姜の「姜」は、「きちんと眺めて」みますと、実に簡単な漢字でした。

**これで「生姜」は、あなたの漢字になります！**

# 17ページの解答

（**むさくる**）しい！

日本の漢字の中には存在しません。私が2000年8月1日に(株)サンリオから出した『パソコンが奪った漢字を取り戻せ！漢字練習ノート』の中で、男三人で「**むさくる**しい」という読みをする造語を提唱しましたが、その時は、社会の関心を引き寄せることができませんでした。従って、今回、再度、新しい漢字の創造として世間に問うことにしました。

## どっちが正しい？

幣社　　弊社

貨弊　　貨幣

解答

■

弊《へい》社《しゃ》

■

貨《か》幣《へい》

★

どっちが正しい？

是非　　是否

若冠　　弱冠

解答

■

是非《ぜひ》

■

弱冠《じゃっかん》

**解説**　弱冠:「多少の」という意味のときは“若干”と書きます。

どっちが正しい？

☐ 荘言　☐ 壮言

☐ 余世　☐ 余生

☐ 架空　☐ 仮空

☐ 急拠　☐ 急遽

## 解答

余《よ》生《せい》

壮《そう》言《げん》

急《きゅう》遽《きょ》

架《か》空《くう》

**解説**　壮言：「壮言大語（そうげんたいご）」などと使われます。意気が盛んな言葉のこと。「荘厳」と間違えやすいです。

## どっちが正しい？

粉争　紛争

俊鋭　俊英

帰結　帰決

縮小　縮少

## 解答

俊《しゅん》英《えい》

紛《ふん》争《そう》

縮《しゅく》小《しょう》

帰《き》結《けつ》

どっちの読み方が正しい？

# 上意下達

- じょういげだつ
- じょういかたつ

## 解答

# 上意下達

■じょういかたつ

## どっちが正しい？

慨要　概要　　最底　最低

浪狽　狼狽　　収穫　収獲

郡生　群生　　物色　物食

## 解答

■ 最《さい》低《てい》

■ 収《しゅう》穫《かく》

■ 物《ぶっ》色《しょく》

■ 概《がい》要《よう》

■ 狼《ろう》狽《ばい》

■ 群《ぐん》生《せい》

**解説** 狼狽：どちらも、けものへんを使います。

## どっちが正しい？

| | | | |
|---|---|---|---|
| □ 弱少 | □ 弱小 | □ 完璧 | □ 完壁 |
| □ 雄大 | □ 勇大 | □ 紀憂 | □ 杞憂 |
| □ 漸時 | □ 漸次 | □ 典形 | □ 典型 |

## 解答

■完《かん》璧《ぺき》

■杞《き》憂《ゆう》

■典《てん》型《けい》

■弱《じゃく》小《しょう》

■雄《ゆう》大《だい》

■漸《ぜん》次《じ》

●読めたら知性を感じさせる漢字

稚拙
多彩
精緻
真摯

片鱗
布陣
葛藤
婉曲

伝播
卓越
矛盾
饒舌

妥協
遡及
生贄
猥雑

読みは？

答えは38ページ

## おもしろ・ひとくち・ばなし

小学生高学年向け学習塾の国語の時間に、塾の先生が生徒さんに次の問題を出したそうです。

□の中に、いちばん適した漢字を入れなさい。

**品□方□**

**□給□足**

**大□成□**

塾の先生は、正攻法で次の四字熟語の答えを期待していたようです。

**品行方正**

自給自足

大願成就（だいがんじょうじゅ）

予想に反して塾の生徒さんは、ほとんど次のように答えたようです。

品川方面

月給不足

大大成功

「なーるほど!?」

塾の先生は、生徒さんの解答を見ながら、さらにこう言ったそうです。

「まあ、この解答でも、よしとするか（!?）」

## 35ページの解答

ちせつ
たさい
せいち
しんし

へんりん
ふじん
かっとう
えんきょく

でんぱ
たくえつ
むじゅん
じょうぜつ

だきょう
そきゅう
いけにえ
わいざつ

★★

どっちが正しい？

正身　　正味

## 解答

# 正《しょう》味《み》

## どっちが正しい？

◪
難行

◪
難航

◪
集収

◪
収集

解答

■

難《なん》航《こう》

■

収《しゅう》集《しゅう》

★★

どっちが正しい？

| | |
|---|---|
| 温好 | 温厚 |
| 持論 | 自論 |

解答

■

温《おん》厚《こう》

■

持《じ》論《ろん》

**解説**　持論：「論」を「持」っているんですね。

★★

どっちが正しい？

| | |
|---|---|
| ◩ | ◩ |
| 括孤 | 括弧 |

| | |
|---|---|
| ◩ | ◩ |
| 親味 | 親身 |

解答

括弧《かっこ》

親身《しんみ》

## どっちが正しい？

□ 動行

□ 動向

□ 慢然

□ 漫然

解答

動向《どうこう》

漫然《まんぜん》

## どっちの読み方が正しい？

**逢瀬**
- ほうせ
- おうせ

**激怒**
- げきぬ
- げきど

**熾烈**
- しきれつ
- しれつ

**真顔**
- しんがん
- まがお

**忖度**
- そんたく
- すんたく

**碩学**
- せきがく
- けんがく

**頌春**
- しょうしゅん
- こうしゅん

**鼎談**
- ていだん
- けんだん

## 解答

逢瀬
■おうせ

激怒
■げきど

熾烈
■しれつ

真顔
■まがお

忖度
■そんたく

碩学
■せきがく

頌春
■しょうしゅん

鼎談
■ていだん

## どっちが正しい？

刺殺　刺殺

均衡　均衡

剃刀　剃刃

宝庫　豊庫

## 解答

均《きん》衡《こう》

宝《ほう》庫《こ》

刺《し》殺《さつ》

剃刀《かみそり》

★★

## どっちが正しい？

無謀　無暴

除外　徐外

催捉　催促

幻映　幻影

## 解答

除《じょ》外《がい》

幻《げん》影《えい》

無《む》謀《ぼう》

催《さい》促《そく》

## どっちが正しい？

究局　究極

趣好　趣向

採掘　採堀

昏睡　混睡

崩解　崩壊

方便　方弁

解答

■趣《しゅ》向《こう》

■昏《こん》睡《すい》

■方《ほう》便《べん》

■究《きゅう》極《きょく》

■採《さい》掘《くつ》

■崩《ほう》壊《かい》

# どっちが正しい？

□ 聴門　□ 聴聞
□ 免除　□ 免徐

□ 比喩　□ 比愉
□ 摂手　□ 摂取

□ 斉唱　□ 整唱
□ 子僧　□ 小僧

## 解答

■ 免《めん》除《じょ》

■ 摂《せっ》取《しゅ》

■ 小《こ》僧《ぞう》

■ 聴《ちょう》聞《もん》

■ 比《ひ》喩《ゆ》

■ 斉《せい》唱《しょう》

★★

どっちが正しい？

招介　紹介

毒舌　毒説

転期　転機

陣容　人容

冗慢　冗漫

奥議　奥義

## 解答

■ 毒《どく》舌《ぜつ》

■ 紹《しょう》介《かい》

■ 陣《じん》容《よう》

■ 転《てん》機《き》

■ 奥《おう》義《ぎ》

■ 冗《じょう》漫《まん》

**解説**　冗漫：無駄が多くて締まりのない表現のこと。

## ●漢字1字で勝負！ 初級

狼 噂 鍵 膝

鼠 頬 爪 罰

豚 瓦 暦 蛇

畳 萩 岬 蝉

読めますか？

答えは64ページ

おもしろ・ひとくち・ばなし

# 中国の国家主席がかわった！では、名前の呼び方は？

「正直な話、どっちでもいいじゃあないか！」

　私が中国の国家主席の呼び方について、自分なりの意見を述べていたら、こんな横《よこ》槍《やり》が入りました。

「でも、ひとくちばなしだから、まあ、聞いてくれよ」

　私は、そういって相手の言葉をかわしたことがあります。

　これから中国語を勉強したい人には、ちょっといい話ではないかと勝手に思うのです。日本では新聞社によって、中国人の名前に振られる振り仮名が異なっているからです。

　中国共産党書記長で国家主席に選ばれたのは、

習近平。前任者は、胡錦濤でした。

新聞を何気なく読んでいただけでは、この二人の読み方を助ける振り仮名が新聞社によって異なっていることに気付けません。

朝日新聞と読売新聞は中国語読みの振り仮名（微妙な違いはあります）を振っておりますが、毎日新聞は日本式の振り仮名ですませています。

習近平

（朝日　シーチンピン）（読売　シージンピン）

（毎日　しゅうきんぺい）

胡錦濤

（朝日　フーチンタオ）（読売　フージンタオ）

（毎日　こきんとう）

# 61ページの解答

おおかみ
うわさ
かぎ
ひざ

ねずみ
ほほ(ほお)
たこ
ばつ

ぶた
かわら
こよみ
へび

たたみ
はぎ
みさき
せみ

★★★

どっちが正しい？

接渉　　折衝

## 解答

# 折《せっ》衝《しょう》

**解説**　ビジネスパーソンが意外に間違えやすい漢字どっち？　です。

どっちが正しい？

勇飛　雄飛

柔軟　従軟

解答

■

雄飛《ゆうひ》

■

柔軟《じゅうなん》

**解説**　雄飛：勇ましく、大きな志をもって活動すること。対義語は雌伏（しふく）。

## どっちが正しい？

| | | | |
|---|---|---|---|
| 秋眉 | 愁眉 | 波紋 | 破紋 |
| 尊属 | 尊族 | 生憎 | 相憎 |
| 疑似 | 偽似 | 折半 | 切半 |

## 解答

■ 波《は》紋《もん》

■ 愁《しゅう》眉《び》

■ 生《あい》憎《にく》

■ 尊《そん》属《ぞく》

■ 折《せっ》半《ぱん》

■ 疑《ぎ》似《じ》

**解説**　愁眉（しゅうび）：心配のあまり、眉をひそめる顔　生憎：「あいにく」と読みます。

# 第２章

# 「三字熟語」編

## 使うと恥をかくのはどっち？

解答

★

どっちが正しい？

□ 指令官

□ 司令官

解答

司《し》令《れい》官《かん》

どっちが正しい？

◪ 天守閣　　◪ 天主閣

解答

天守閣《てんしゅかく》

# 鬱

２０１１年11月、新聞、雑誌、役所などで使う「常用漢字」が改定され、現代社会を１語で語れる「鬱」も仲間入りしました。**さて、この漢字、どう覚えますか？** 80ページに覚え方を載せました。

おもしろ・ひとくち・ばなし

# 「かくれ漢字博士」に偶然出会った！

その人とは思わぬところで言葉をかわすことができました。私の身近な者が短期間、お世話になった横浜市内にある老人介護施設の所長、三上泉子さんです。彼女はこれから紹介する二字漢字をいとも簡単に読んでみせたのです。

三上さんが読めた難語は、作家の桐野夏生さんが以前週刊誌に、小説を連載していた時、振り仮名を付けずに使っていたものです。

その漢字とは、

**「襁褓」**

でした。

読みは、「むつき」「おしめ」「きょうほう」です。

後知恵ですが、いずれも衣偏で衣類に関係した言葉であることが容易に想像できます。この私の想像が正しいかどうかは別にして、衣偏を除くと「強」と「保」が浮き出てきます。水分を存分に「強」く吸い込み「保」ち続けることを考えると「おしめ」とか「おむつ」ということになります。

「老人介護施設で働いているんだから、『おしめ』は日常的に接しているはず。その漢字が読めたからといって、そんなに驚くことはない」

一つの意見としては納得のゆくものですが、でもこの意見は少々的を外れているように思います。確かに大量の「おしめ」は使うかも知れませんが、日常語として漢字の「襁褓」は使わないはずです。

私はたまたまリュックの中に拙著『読めますか？　小学校で習った漢字』（サンリオ）を忍ばせていましたので、読みづらい漢字が並んだ頁をめくって、面白半分に彼女に見せました。例えば、「小火」。答えは、自分で調べて下さい。彼女は、これを含め、すべての難語を正確に読み切ったのであります。**驚嘆！**

# 77ページの解答

**木**と**木**の間に
**缶**を埋め
缶の中に
**米櫃**（こめびつ）を入れ
その中に
**米**を隠し
**蓋**を閉め
ありかは

**ヒ**

**ミ**

**つ**

どっちが正しい？

☐三国史　☐三国志

☐最高調　☐最高潮

解答

■ 三国志《さんごくし》

■ 最高潮《さいこうちょう》

## どっちが正しい？

- 白内障
- 白内症

- 使命感
- 使命観

解答

■白《はく》内《ない》障《しょう》

■使《し》命《めい》感《かん》

**解説**　白内障：この場合は「障」、では次の問題は？

★

どっちが正しい？

□ 致命傷

□ 致命症

□ 不始末

□ 不仕末

解答

■

致《ち》命《めい》傷《しょう》

■

不《ふ》始《し》末《まつ》

**解説**　致命傷：こちらも「症」ではありません。「傷」です。

どっちが正しい？

先入観

先入感

展開図

転回図

解答

■

先《せん》入《にゅう》観《かん》

■

展《てん》開《かい》図《ず》

どっちが正しい？

連帯感

連体感

処世術

処生術

解答

■連《れん》帯《たい》感《かん》

■処《しょ》世《せい》術《じゅつ》

どっちが正しい？

伝導師

伝道師

玉の輿

玉の腰

解答

■

伝《でん》道《どう》師《し》

■

玉《たま》の輿《こし》

どっちが正しい？

頭蓋骨

頭骸骨

名差し

名指し

解答

■

頭蓋骨《ずがいこつ》

■

名指《なざ》し

## どっちの読み方が正しい？

**遡上**
- そじょう
- さじょう

**校倉**
- こうそう
- あぜくら

**所望**
- しょもう
- しょぼう

**傀儡**
- きらい
- かいらい

**潔く**
- いさぎよく
- きよく

**怨念**
- えんねん
- おんねん

**矮小**
- いしょう
- わいしょう

**強面**
- ごうめん
- こわもて

## 解答

遡上
■そじょう

校倉
■あぜくら

所望
■しょもう

傀儡
■かいらい

潔く
■いさぎよく

怨念
■おんねん

矮小
■わいしょう

強面
■こわもて

## どっちが正しい？

- 未成年
- 未青年

- 価値観
- 価値感

- 不思義
- 不思議

- 定足数
- 定則数

- 善後策
- 前後策

- 順不同
- 順不動

## 解答

■未成年《みせいねん》

■不思議《ふしぎ》

■善後策《ぜんごさく》

■価値観《かちかん》

■定足数《ていそくすう》

■順不同《じゅんふどう》

どっちが正しい？

- [ ] 桃源郷
- [ ] 桃原郷
- [ ] 冷え性
- [ ] 冷え症

- [ ] 土曜波
- [ ] 土用波
- [ ] 反体制
- [ ] 反対制

- [ ] 得農家
- [ ] 篤農家
- [ ] 日影者
- [ ] 日陰者

## 解答

■桃源郷《とうげんきょう》

■土用波《どようなみ》

■篤農家《とくのうか》

■冷《ひ》え性《しょう》

■反体制《はんたいせい》

■日陰者《ひかげもの》

**解説**　篤農家：農業に対して研究熱心な人のこと。

★

# どっちが正しい？

- 案の定
- 案の条

- 理想郷
- 理想境

- 合言葉
- 相言葉

- 大僧正
- 大僧上

- 消費財
- 消費材

- 替え玉
- 換え玉

## 解答

■案《あん》の定《じょう》

■合《あい》言《こと》葉《ば》

■消《しょう》費《ひ》財《ざい》

■理《り》想《そう》郷《きょう》

■大《だい》僧《そう》正《じょう》

■替《か》え玉《だま》

●カッコイイ漢字

稀有
横溢
琴線
豊饒

混沌
深淵
跳躍
寛容

静穏
寡黙
閏年
夭折

斟酌
朴訥
市井
趨勢

読みは？

答えは106ページ

## おもしろ・ひとくち・ばなし

「『誘拐』という漢字を読めますか」学校教育を受けた者なら、十中八九、読めるでしょう。ところが、かつて官房長官を務めた平野文雄氏は、在職中（２００９年11月）、イエメンで地元部族民らに拉致され解放された技師・真下武男さんの**誘拐**事件について、記者会見した時、「誘拐」の代わりに**「誘惑」**と2回も続けて口にしてしまったのです。すわ官房長官の誤読かと騒がれたのですが、うっかりミスのようでした。

『誘拐』ぐらい誰だって読めるでしょうが、でも、そこには思わぬ落とし穴がありました。「誘拐」の「誘」は読めるのですが、「拐」を独立して読める人は、私の周辺にはいませんでした。

**私流に「誘拐」を覚える手法を紹介しましょう。**

■誘拐の「拐」は、「手」と「口」と「刀」から成る単純な漢字ですよ。すぐ覚えられます。

# 103ページの解答

けう

こんとん

せいおん

しんしゃく

おういつ

しんえん

かもく

ぼくとつ

きんせん

ちょうやく

うるうどし

しせい

ほうじょう（ほうにょう・ぶにょう）

かんよう

ようせつ

すうせい

★★

どっちが正しい？

夜行性　　夜向性

解答

夜《や》行《こう》性《せい》

どっちが正しい？

丸坊主

丸坊頭

奉賀帳

奉加帳

解答

■

丸《まる》坊《ぼう》主《ず》

■

奉《ほう》加《が》帳《ちょう》

**解説** 奉加帳：寄進帳のこと。

## どっちの読み方が正しい？

**遂行**
- すいこう
- ついこう

**初産**
- しょざん
- ういざん

**凡例**
- はんれい
- ぼんれい

**進捗**
- しんちょう
- しんちょく

**冤罪**
- えんざい
- めんざい

**重篤**
- ちょうとく
- じゅうとく

**渾身**
- ぐんしん
- こんしん

**真摯**
- しんし
- しんしゅ

## 解答

遂行
■すいこう

初産
■ういざん

凡例
■はんれい

進捗
■しんちょく

冤罪
■えんざい

重篤
■じゅうとく

渾身
■こんしん

真摯
■しんし

どっちが正しい？

- 短兵急
- 単兵急

- 積極的
- 積局的

- 正当派
- 正統派

- 入殖者
- 入植者

- 際果て
- 最果て

- 浮動票
- 不動票

## 解答

■短兵急《たんぺいきゅう》

■正統派《せいとうは》

■最果《さいは》て

■積極的《せっきょくてき》

■入植者《にゅうしょくしゃ》

■浮動票《ふどうひょう》

**解説**　短兵急：だしぬけ、ひどく急なことを言います。
浮動票：選挙で、支持する政党がとくに決まっていない票のこと。対義語は「固定票」。

## どっちが正しい？

- 包容力
- 包擁力
- 広子路
- 広小路

- 区分田
- 口分田
- 寺子屋
- 寺小屋

- 三味腺
- 三味線
- 弔慰金
- 弔意金

解答

■包容力《ほうようりょく》

■口分田《くぶんでん》

■三味線《しゃみせん》

■広小路《ひろこうじ》

■寺子屋《てらこや》

■弔慰金《ちょういきん》

## どっちが正しい？

- ☐ 無作為
- ☐ 無作意
- ☐ 不摂生
- ☐ 不節世

- ☐ 破天荒
- ☐ 破天候
- ☐ 威丈高
- ☐ 居丈高

- ☐ 追懲金
- ☐ 追徴金
- ☐ 相相傘
- ☐ 相合傘

## 解答

■無《む》作《さく》為《い》

■破《は》天《てん》荒《こう》

■追《つい》徴《ちょう》金《きん》

■不《ふ》摂《せっ》生《せい》

■居《い》丈《たけ》高《だか》

■相《あい》合《あい》傘《がさ》

## どっちが正しい？

- 親不幸
- 親不孝

- 身近感
- 親近感

- 長広舌
- 長口舌

- 内向的
- 内攻的

- 不分律
- 不文律

- 等身大
- 当身大

## 解答

■親《おや》不《ふ》孝《こう》

■長広舌《ちょうこうぜつ》

■不《ふ》文《ぶん》律《りつ》

■親《しん》近《きん》感《かん》

■内《ない》向《こう》的《てき》

■等《とう》身《しん》大《だい》

**解説** 長広舌：よどみなくしゃべり続けること。不文律：暗黙のうちにお互いで了解しあっていること。

## どっちが正しい？

健忘症　健忘性

不可決　不可欠

集漁灯　集魚灯

下請け　下受け

貯水池　貯水地

就任式　就認式

## 解答

■健《けん》忘《ぼう》症《しょう》

■不《ふ》可《か》欠《けつ》

■集《しゅう》魚《ぎょ》灯《とう》

■下《した》請《う》け

■貯《ちょ》水《すい》池《ち》

■就《しゅう》任《にん》式《しき》

**解説**　集魚灯：夜間に魚を集めて捕獲するための灯火のこと。

## どっちが正しい？

☐ 摩天楼

☐ 魔天楼

☐ 黙秘権

☐ 黙否権

☐ 無常感

☐ 無常観

☐ 無軌道

☐ 無帰道

☐ 厄病神

☐ 疫病神

☐ 白身魚

☐ 白味魚

解答

■摩《ま》天《てん》楼《ろう》

■無《む》常観《じょうかん》

■疫病神《やくびょうがみ》

■黙《もく》秘《ひ》権《けん》

■無《む》軌《き》道《どう》

■白《しろ》身《み》魚《ざかな》

**鼬**は【鼠】を自【由】に捕らえて

食べちゃうので、**鼬**って綴るんだ（うそ？ほんと？）

で、この「鼬」は何と読むのかな？

答えは128ページ

おもしろ・ひとくち・ばなし

# 羆

この漢字を読めたら、あなたは間違いなく「漢字博士」です。「熊」であることには違いないのですが、どんな熊を指しているのか。私もかつて、この漢字に出くわした時は読めませんでした。正解は**「ひぐま」**です。

２０１３年1月27日付朝日新聞夕刊（東京版）は知床の熊を話題にしていました。それも漢字は使わず、片仮名で**「ヒグマ」**でした。

## ヒグマは、こわい！

これが私の頭にしみついた印象ですが、記事の内容は反対でした。いつもきめられた時期に餌になる鮭が川を遡上します。ところが昨年（2012年）は海水温が高かったため遡上時期が遅れてしまいました。鮭を餌として食べていたヒグマは、その鮭にありつけず栄養失調でやせ細り、中には餓死したものも出てきていると報じていました。「羆」がカタカナで表示されていましたので、本来ならば漢字の問題の対象にはなりません。

でも、ちょっと漢字に興味を持っている人なら、その「ヒグマ」は漢字ではどう綴るのかと気になるところです。

早速、辞書を引いてみました。二語ではなく一語で、右に挙げた漢字が出てきたのです。「目」という字を横に倒し、「熊」という漢字の上にちょこんと載っていました。新聞紙上に登場したヒグマは「目の周りが黒っぽいパンダのような愛嬌があった」と形容されていました。

**餌がなくても人間を襲わず、やせ細り、餓死寸前にあった「羆」は、私にとってもう可愛くて、可愛くて。**

125ページの解答

# 「いたち」

## どっちが正しい？

- 真憑性
- 信憑性
- 捜海艇
- 掃海艇

- 合州国
- 合衆国
- 常習犯
- 常囚犯

- 金輪際
- 根輪際
- 星層圏
- 成層圏

## 解答

■信《しん》憑《ぴょう》性《せい》

■合《がっ》衆《しゅう》国《こく》

■金《こん》輪《りん》際《ざい》

■掃《そう》海《かい》艇《てい》

■常《じょう》習《しゅう》犯《はん》

■成《せい》層《そう》圏《けん》

## どっちが正しい？

- 用人棒
- 用心棒

- 陰匿物
- 隠匿物

- 青二歳
- 青二才

- 画洋紙
- 画用紙

- 影武者
- 陰武者

- 大陰暦
- 太陰暦

## 解答

■用心棒《ようじんぼう》

■青二才《あおにさい》

■影武者《かげむしゃ》

■隠匿物《いんとくぶつ》

■画用紙《がようし》

■太陰暦《たいいんれき》

★★

## どっちが正しい？

搭乗員

塔乗員

朴念人

朴念仁

小国民

少国民

無造作

無像作

素豊家

素封家

異和感

違和感

## 解答

■搭乗員《とうじょういん》

■少国民《しょうこくみん》

■素封家《そほうか》

■朴念仁《ぼくねんじん》

■無造作《むぞうさ》

■違和感《いわかん》

**解説**　朴念仁：愛想がない人、がんこでわからずやのこと。
少国民：年少の国民、少年少女のこと。

どっちが正しい？

- 会開式
- 開会式

- 倦退期
- 倦怠期

- 間一髪
- 間一発

- 歳時記
- 歳事記

- 艦観式
- 観艦式

- 詐偽師
- 詐欺師

## 解答

■開《かい》会《かい》式《しき》

■間《かん》一《いっ》髪《ぱつ》

■観《かん》艦《かん》式《しき》

■倦《けん》怠《たい》期《き》

■歳《さい》時《じ》記《き》

■詐《さ》欺《ぎ》師《し》

## どっちが正しい？

変圧器　変圧機

解熱剤　下熱剤

立往上　立往生

風物詩　風物誌

大公望　太公望

仏頂面　仏長面

## 解答

■変圧器《へんあつき》

■立往生《たちおうじょう》

■太公望《たいこうぼう》

■解熱剤《げねつざい》

■風物詩《ふうぶつし》

■仏頂面《ぶちょうづら》

**解説**　太公望：中国の故事から転じて、釣りが好きな人のこと。

★★

どっちが正しい？

- 選択肢
- 選択技

- 生病法
- 生兵法

- 老朽化
- 老旧化

- 御多分
- 御多聞

- 一速く
- 逸速く

- 生け華
- 生け花

## 解答

■選択肢《せんたくし》

■生兵法《なまびょうほう》

■老朽化《ろうきゅうか》

■御多分《ごたぶん》

■逸速《いちはや》く

■生《い》け花《ばな》

解説　生兵法：中途半端な知識や技術のこと。

## どっちが正しい？

- [ ] 補育器
- [ ] 保育器
- [ ] 錬金術
- [ ] 練金術

- [ ] 配偶者
- [ ] 配遇者
- [ ] 性懲り
- [ ] 性凝り

- [ ] 微温的
- [ ] 微穏的
- [ ] 几張面
- [ ] 几帳面

## 解答

■保《ほ》育《いく》器《き》

■配《はい》偶《ぐう》者《しゃ》

■微《び》温《おん》的《てき》

■錬《れん》金《きん》術《じゅつ》

■性《しょう》懲《こ》り

■几《き》帳《ちょう》面《めん》

**解説**　微温的：てぬるいこと。

## ●漢字１字で勝負！ 中級

読めますか？

狸 鮒 縞 虜

絆 紐 罠 屍

菫 麹 訛 髭

桐 塵 苺 茜

答えは146ページ

## おもしろ・ひとくち・ばなし

私の名前は**「守誠」**と書きます。

正式な読み方は、「もり・まこと」です。

別に、自分の名前を印象付けて、宣伝しようという魂胆《こんたん》は全くありません。

ただ、「もり」と私の名前を耳で聞いた人は、たいがい「森」という漢字をイメージされます。ところが「もり」は「もり」でも、「守（まもる）」と書いて、「もり」と読ませるのですから、ちょっとだけややこしいです。

こう書いてくると、**「守（もり）」**は、本書の読者の目には、「守」は「もり」なんだと、脳裏にすぐ定着するはずです。

世の中には、本当に不思議な漢字の読み方があるのだと、ときどき立ち止まって考え込んでしまいます。いやいやマイナス思考で捉《とら》える気はさらさらありません。人生、楽しく送らなきゃな、といつも考えているからです。以上は、これから語る話の前文でした。

本論の始まり、始まり!!

次の漢字を読めますか？「守」という漢字が入っており、かつ、それを「もり」と読むのですが、漢字の位置が読み方と一致していません。じっと眺めて下さい。

## 「守宮」

確かに読み方は相当難しい部類に属します。これで、「やもり」と読みます。「守」が先に来て、読み方での「もり」は後に来ているのです。じーっと眺めていると頭がおかしくなってきてしまいます。混乱します。同じことは**「松明」**についてもいえるでしょう。

# 143ページの解答

たぬき　きずな　すみれ　きり

ふな　ひも　こうじ　ちり

しま　わな　なまり　いちご

とりこ　しかばね　ひげ　あかね

★★★

どっちが正しい？

泥仕合

泥試合

解答

# 泥《どろ》仕《じ》合《あい》

★★★

どっちが正しい？

首実検

首実験

## 解答

■

# 首《くび》実《じっ》検《けん》

**解説**　戦国時代、討ち取った敵の首を大将が検分したことの意が転じて、実際に会わせて当人かどうか確かめること。

★★★

## どっちが正しい？

露店商

露天商

解答

# 露《ろ》天《てん》商《しょう》

## どっちが正しい？

- 禁製品
- 禁制品
- 測侯所
- 測候所

- 既応症
- 既往症
- 記念日
- 紀念日

- 天道虫
- 天刀虫
- 家父長
- 家夫長

## 解答

■禁《きん》制《せい》品《ひん》

■既《き》往《おう》症《しょう》

■天《てん》道《とう》虫《むし》

■測《そっ》候《こう》所《じょ》

■記《き》念《ねん》日《び》

■家《か》父《ふ》長《ちょう》

# 第3章

# 「四字熟語」編

## 似て非なるものはどっち？

# 解答

どっちが正しい？

絶体絶命　　絶対絶命

解答

# 絶《ぜっ》体《たい》絶《ぜつ》命《めい》

どっちが正しい？

強行採決

強硬採決

解答

**強行採決**
（きょうこうさいけつ）

## どっちが正しい？

有為転変

有為天変

狂気乱舞

狂喜乱舞

## 解答

■

有為転変《ういてんぺん》

■

狂喜乱舞《きょうきらんぶ》

**解説**　有為転変：仏教語。この世のものは常に移り変わっていく、はかないものであることを表しています。

どっちが正しい？

天心爛漫

天真爛漫

千載一遇

千歳一遇

解答

■

天《てん》真《しん》爛《らん》漫《まん》

■

千《せん》載《ざい》一《いち》遇《ぐう》

## どっちが正しい？

無味乾燥

無実乾燥

一心同体

一身同体

解答

無《む》味《み》乾《かん》燥《そう》

一《いっ》心《しん》同《どう》体《たい》

どっちが正しい？

人出不足

人手不足

実働時間

実動時間

## 解答

■人《ひと》手《で》不《ぶ》足《そく》

■実《じつ》働《どう》時《じ》間《かん》

## どっちの読み方が正しい？
（ただし、ひっかけ問題です）

**言質**
- げんち
- げんしつ

**嫡子**
- ちゃくし
- てきし

**松明**
- たいまつ
- しょうめい

**狼煙**
- のろし
- ろうえん

**祝言**
- いわいごと
- しゅうげん

**確執**
- かくしゅう
- かくしつ

**直談**
- じかだん
- じきだん

**直截**
- ちょくせつ
- ちょくさい

## 解答

**言質**
- げんち
- げんしつ

**嫡子**
- ちゃくし
- てきし

**松明**
- たいまつ
- しょうめい

**狼煙**
- のろし
- ろうえん

**祝言**
- いわいごと
- しゅうげん

**確執**
- かくしゅう
- かくしつ

**直談**
- じかだん
- じきだん

**直截**
- ちょくせつ
- ちょくさい

**解説**　最後のコラムのこの問題だけは、すべてどちらも正解です。「2つに1つ」ではありませんでしたね。失礼しました。

# どっちが正しい？

人事移動

人事異動

青天白日

晴天白日

半信半疑

反信半疑

全身全霊

全心全霊

## 解答

■人《じん》事《じ》異《い》動《どう》

■青《せい》天《てん》白《はく》日《じつ》

■半《はん》信《しん》半《はん》疑《ぎ》

■全《ぜん》身《しん》全《ぜん》霊《れい》

**解説**　青天白日：晴れ渡った天気のことですが、〝青〟です。

★

## どっちが正しい？

□新陳代謝
□新陳代遮

□無我夢中
□無我無中

□文明開化
□文明開花

□用意集到
□用意周到

## 解答

■新《しん》陳《ちん》代《たい》謝《しゃ》

■無《む》我《が》夢《む》中《ちゅう》

■文《ぶん》明《めい》開《かい》化《か》

■用《よう》意《い》周《しゅう》到《とう》

# どっちが正しい？

諸業無常

諸行無常

興味津津

興味深深

心機一転

心気一転

温故知新

温古知新

## 解答

■諸《しょ》行《ぎょう》無《む》常《じょう》

■心《しん》機《き》一《いっ》転《てん》

■興《きょう》味《み》津《しん》津《しん》

■温《おん》故《こ》知《ち》新《しん》

## どっちが正しい？

意味深長

意味慎重

外交辞令

外交辞礼

群集心理

群衆心理

百戦練磨

百戦錬磨

## 解答

意《い》味《み》深《しん》長《ちょう》

外《がい》交《こう》辞《じ》令《れい》

群《ぐん》集《しゅう》心《しん》理《り》

百《ひゃく》戦《せん》錬《れん》磨《ま》

## どっちが正しい？

一蓮托生

一連托生

少数意見

小数意見

才色兼美

才色兼備

意気統合

意気投合

## 解答

■一《いち》蓮《れん》托《たく》生《しょう》

■少《しょう》数《すう》意《い》見《けん》

■才《さい》色《しょく》兼《けん》備《び》

■意《い》気《き》投《とう》合《ごう》

★

どっちが正しい？

書類作製

書類作成

大義銘分

大義名分

人材育成

人財育成

無病息災

無病即災

## 解答

書《しょ》類《るい》作《さく》成《せい》

大《たい》義《ぎ》名《めい》分《ぶん》

人《じん》材《ざい》育《いく》成《せい》

無《む》病《びょう》息《そく》災《さい》

## どっちが正しい？

☐ 暗証番号
☐ 暗誦番号
☐ 慇懃無礼
☐ 慇懃不礼

☐ 戸別訪問
☐ 個別訪問
☐ 短刀直入
☐ 単刀直入

## 解答

暗《あん》証《しょう》番《ばん》号《ごう》

戸《こ》別《べつ》訪《ほう》問《もん》

慇《いん》懃《ぎん》無《ぶ》礼《れい》

単《たん》刀《とう》直《ちょく》入《にゅう》

どっちが正しい？

高温動物

恒温動物

決戦投票

決選投票

人口呼吸

人工呼吸

過熱気味

加熱気味

解答

■

恒温動物《こうおんどうぶつ》

■

人工呼吸《じんこうこきゅう》

■

決選投票《けっせんとうひょう》

■

過熱気味《かねつぎみ》

## ●見るからに怪しい漢字

匿名
隠蔽
妖艶
恥部

共謀
黄昏
腐蝕
呪縛

陶酔
翻弄
傀儡
猥褻

賄賂
諜報
嗅覚
迷走

読みは？

答えは190ページ

# 一見、読むのが難しそうだけど意外に簡単に読めてしまう不思議な漢字

それは

## 跋扈

（ばっこ）［のさばりはびこること］です。

「茶坊主が政治の世界で跋扈する」

このレベルの出来栄えでは川柳にもなりませんね…。

この「跋扈」、新聞・雑誌や書籍にも意外に顔を覗かせる曲者です。残念ながら最近まで私は、この漢字をきちんと自分の視野に入れ、両の眼でしかと形を捉えながら眺めたことはありませんでした。全体像をおぼろげながら眺めて認識していたのです。「跋」と「扈」を離して独立して読もうとすると、どちらもなかなか読めません。ひとつ試してみましょう。

# 「跋」……………………「扈」 「跋」「扈」 「跋」「扈」 「跋扈」

**離すと読めず、重ねるとすっと読める不思議な漢字です。**

「跋扈」の「跋」は右側が、「抜群」の「抜」に似ています。こじつけですが、勘で『跋』を「ばつ」と読み、「扈」は読めないので、何だかややこしい漢字が後に続いているな、といった程度の認識で不思議と読めていました。

**これからは、あまりいい意味の言葉ではありませんが、愛をこめてきちんと眺めたいと思っています。**

# 187ページの解答

とくめい
きょうぼう
とうすい
わいろ

いんぺい
たそがれ
ほんろう
ちょうほう

ようえん
ふしょく
かいらい（「くぐつ」とも読みます）
きゅうかく

ちぶ
じゅばく
わいせつ
めいそう

どっちが正しい？

抗生物質

抗性物質

解答

**抗生物質**(こうせいぶっしつ)

## どっちが正しい？

- 減価償却
- 原価償却
- 人生航路
- 人生行路

- 自然淘汰
- 自然陶汰
- 自画自賛
- 自我自賛

## 解答

■減《げん》価《か》償《しょう》却《きゃく》

■人《じん》生《せい》行《こう》路《ろ》

■自《し》然《ぜん》淘《とう》汰《た》

■自《じ》画《が》自《じ》賛《さん》

# どっちが正しい？

三身一体

三位一体

年年歳歳

年年再再

一期一会

一後一会

喜怒哀楽

喜怒愛楽

解答

■三《さん》位《み》一《いっ》体《たい》

■一《いち》期《ご》一《いち》会《え》

■年《ねん》年《ねん》歳《さい》歳《さい》

■喜《き》怒《ど》哀《あい》楽《らく》

★★

## どっちが正しい？

百花争鳴

百家争鳴

公言令色

巧言令色

風和雷同

付和雷同

旧態依然

旧体依然

## 解答

■

百《ひゃっ》家《か》争《そう》鳴《めい》

■

付《ふ》和《わ》雷《らい》同《どう》

■

巧《こう》言《げん》令《れい》色《しょく》

■

旧《きゅう》態《たい》依《い》然《ぜん》

★★

## どっちが正しい？

□ 曖昧模糊　□ 曖昧模湖

□ 快刀乱麻　□ 快刀乱魔

□ 一騎当選　□ 一騎当千

□ 栄古盛衰　□ 栄枯盛衰

# 解答

■快《かい》刀《とう》乱《らん》麻《ま》

■栄《えい》枯《こ》盛《せい》衰《すい》

■曖《あい》昧《まい》模《も》糊《こ》

■一《いっ》騎《き》当《とう》千《せん》

**解説**　曖昧模糊：湖（みずうみ）ではなく、糊。糊には、ぼんやりする、という意味もあります。

★★

## どっちが正しい？

- 重厚超大
- 重厚長大

- 異句同音
- 異口同音

- 口頭試問
- 口答試問

- 治外法権
- 地外法権

## 解答

■重厚長大《じゅうこうちょうだい》

■異口同音《いくどうおん》

■口頭試問《こうとうしもん》

■治外法権《ちがいほうけん》

**解説**　重厚長大：重化学工業などから、ＩＴ産業を除いた産業のこと。

★★

## どっちが正しい？

☐ 不闘不屈　☐ 不撓不屈

☐ 厚顔無知　☐ 厚顔無恥

☐ 当為即妙　☐ 当意即妙

☐ 回顧趣味　☐ 懐古趣味

## 解答

■厚《こう》顔《がん》無《む》恥《ち》

■不《ふ》撓《とう》不《ふ》屈《くつ》

■懐《かい》古《こ》趣《しゅ》味《み》

■当《とう》意《い》即《そく》妙《みょう》

どっちが正しい？

時機尚早

時期尚早

状情酌量

情状酌量

優終の美

有終の美

朝令暮改

朝礼暮改

# 解答

時《じ》期《き》尚《しょう》早《そう》

有《ゆう》終《しゅう》の美《び》

情《じょう》状《じょう》酌《しゃく》量《りょう》

朝《ちょう》令《れい》暮《ぼ》改《かい》

★★

## どっちが正しい？

☐ 新約聖書
☐ 新訳聖書

☐ 御生大事
☐ 後生大事

☐ 想思相愛
☐ 相思相愛

☐ 王政復古
☐ 王制復古

## 解答

■新《しん》約《やく》聖《せい》書《しょ》

■相《そう》思《し》相《そう》愛《あい》

■後《ご》生《しょう》大《だい》事《じ》

■王《おう》政《せい》復《ふっ》古《こ》

## ●漢字1字で勝負！

上級

蛸 轡 蝮 鰓

俤 袴 篩 鼈

軛 欅 橇 涎

囮 梟 后 臍

読めますか?

答えは212ページ

おもしろ・ひとくち・ばなし

# 一字だと読めないが、二字だとすぐ読める不思議

新聞名ははっきり覚えていないのですが、「親鸞《しんらん》」に読み仮名を振っていませんでした。もっとも読み仮名が振られていなくても、日刊紙の読者なら、何の迷いもなく「しんらん」と読んでしまうでしょう。

しかし、親鸞の

## 鸞（らん）

を、一字ぽつんと見せられたら、読める人の数は相当限られてくるかも知れません。

「鸞」は「鸞鳥（らんちょう）」のことで、中国では想像上の鳥です。鶏に似て羽は五色、声は五音を持つといわれています。相当むずかしい漢字です。その上、字画が無茶苦茶に多く「問題児」ならぬ**「問題字」**です。

でも

# 親鸞

と二字で表されると、

「あ、なんだ〈しんらん〉じゃないか」といとも簡単に読めてしまいます。そこが漢字の怖さというか不思議さです。

**ところで「鸞」ですが、一見複雑そうに見えるものの実は、小学校一、二年生で習う漢字から成り立っています。「糸」は小学校一年生の、「言」と「鳥」は小学校二年生の配当漢字です。**

# 209ページの解答

たこ
おもかげ
くびき
おとり

くつわ
はかま
けやき
ふくろう

まむし
ふるい
そり
きさき

えら
すっぽん
よだれ
へそ（ほぞ）

★★★

どっちが正しい？

番組制作

番組製作

解答

# 番組制作
ばんぐみせいさく

★★★

どっちが正しい？

☐ 強迫観念

☐ 脅迫観念

☐ 三百大言

☐ 三百代言

解答

■

強迫観念《きょうはくかんねん》

■

三百代言《さんびゃくだいげん》

**解説**　三百代言：相手を巧みに言いくるめる弁舌のこと。

## どっちが正しい？

故事来歴

古事来歴

才気喚発

才気煥発

諸説紛紛

諸説粉粉

衆人監視

衆人環視

解答

■故事来歴《こじらいれき》

■才気煥発《さいきかんぱつ》

■諸説紛紛《しょせつふんぷん》

■衆人環視《しゅうじんかんし》

## どっちが正しい？

公平無視　公平無私

換骨奪胎　換骨脱胎

出所進退　出処進退

以心伝心　意心伝心

解答

■換《かん》骨《こつ》奪《だつ》胎《たい》

■以《い》心《しん》伝《でん》心《しん》

■公《こう》平《へい》無《む》私《し》

■出《しゅつ》処《しょ》進《しん》退《たい》

●参考文献


・話題の達人倶楽部編『この一冊で面白いほど身につく！　大人の国語力大全』青春出版社 2012年
・阿辻哲次監修『ちゃんとした漢字の力をつける本』青春出版社 1999年
・やくみつる監修・大人の漢字力検定委員会編『解りそうで解らない間違いやすい　漢字問題』二見書房 2012年
・山崎幸雄監修『実用ハンドブック 間違いやすい言葉の事典』小学館 1997年
・村石昭三監修『気がつかない誤りに気がつく　間違い漢字・勘違いことば診断辞典』創拓社編 1992年
・後藤武士著『面白くてためになる 大人のための 国語手帳【漢字編】』ＰＨＰ文庫　ＰＨＰ研究所　2012年
・一校舎漢字研究会・編『きっと誰かに教えたくなる　読めるようで読めない漢字　2500』永岡書店 2009年
・金田一京介編『例解学習 国語辞典 第八版ワイド版』小学館 2009年
・斉藤秀夫・野村雅昭編『使いかた・覚えかた 小学生の漢字辞典 第三版』小学館 1998年
・関根健一著『日本人が必ず間違う日本語 用語用例 1000』宝島社　2012年
・坪内忠太著『日本語おもしろい』新講社 2010年
・結城靖高＆STUDIO BEANS著『書けそうで書けない小学校の漢字』永岡書店 2012年
・『洋泉社ＭＯＯＫ　楽しい漢字』洋泉社 2012年
・山田俊雄・山田勝美・西岡弘・都留春雄・尾崎雄二郎編『角川 大辞源』角川書店 1992年
・守誠著『パソコンが奪った漢字を取り戻せ！　～ 漢字練習ノート』サンリオ 2000年
・守誠著『読めますか？　小学校で習った漢字』サンリオ 2009年
・守誠監修『みぞをなぞる ジュエルペットのはじめての漢字のほん』サンリオ 2010年
・守誠監修『意外とみんな読めない漢字』三笠書房 2013年

青春新書
PLAYBOOKS

人生を自由自在に活動《プレイ》する

# 人生の活動源として

いま要求される新しい気運は、最も現実的な生々しい時代に吐息する大衆の活力と活動源である。

文明はすべてを合理化し、自主的精神はますます衰退に瀕し、自由は奪われようとしている今日、プレイブックスに課せられた役割と必要は広く新鮮な願いとなろう。

いわゆる知識人にもとめる書物は数多く窺うまでもない。

本刊行は、在来の観念類型を打破し、謂わば現代生活の機能に即する潤滑油として、逞しい生命を吹込もうとするものである。

われわれの現状は、埃りと騒音に紛れ、雑踏に苛まれ、あくせく追われる仕事に、日々の不安は健全な精神生活を妨げる圧迫感となり、まさに現実はストレス症状を呈している。

プレイブックスは、それらすべてのうっ積を吹きとばし、自由闊達な活動力を培養し、勇気と自信を生みだす最も楽しいシリーズたらんことを、われわれは鋭意貫かんとするものである。

―創始者のことば― 小澤和一

著者紹介

守　誠〈もり まこと〉

1933年横浜生まれ。慶應義塾大学経済学部卒業。現在、名古屋市立大学特任教授。同大学・国際交流推進センター副センター長。モスクワ駐在4年を含め、総合商社に32年間勤務後、教職（愛知学院大学大学院経営学研究科教授など—通商政策・知的財産権）に就く。著作『読めますか？ 小学校で習った漢字』（サンリオ）は55万部。その他『意外と読めない漢字』（監修・三笠書房）など漢字関連本が多数ある。その他、『特許の文明史』（新潮社）、『ユダヤ人とダイヤモンド』（幻冬舎）、『華麗なる窓際族』（実業之日本社）、『水道—蛇口からの警告』（家の光協会）など多数。

「漢字《かんじ》」間違《まちが》っているのはどっち？　青春新書 PLAYBOOKS

2013年4月20日　第1刷

著　者　守《もり》　誠《まこと》

発行者　小澤源太郎

責任編集　株式会社プライム涌光

電話　編集部　03（3203）2850

発行所　東京都新宿区若松町12番1号 〒162-0056　株式会社青春出版社

電話　営業部　03（3207）1916　振替番号　00190-7-98602

印刷・図書印刷　製本・フォーネット社

ISBN978-4-413-01985-9